Ciberdependência

Por:

JUAN MOISÉS DE LA SERNA

www.juanmoisesdelaserna.es/pt

Traduzido por Rosane Bujes

PREÂMBULO

A tecnologia é cada vez mais presente em nossas vidas, o que é um avanço óbvio, mas também um perigo, especialmente entre os mais jovens, porque eles podem cair no que é chamado de Ciberdependência.

Isto tornou-se uma realidade dos nossos dias, um problema de saúde que não existia há apenas uma década, e faz a cada dia novas vítimas e estas cada vez mais jovens.

Embora as consequências a longo prazo não sejam totalmente conhecidas, alguns estudos mostram que já afeta 30% dos jovens que usam a internet diariamente, o que significa que uma em cada três pessoas correm o risco de sofrer de uma dependência comportamental.

Enquanto alguns países começam a tomar medidas de prevenção, outros, porém não perceberam a gravidade da situação. Por isso surge a necessidade de divulgar os resultados das pesquisas mais recentes nesta matéria para dar visibilidade a um problema social que requer medidas preventivas e de tratamento.

Dedicado a meus pais

AGRADECIMENTOS

Aproveito aqui para agradecer a todos aqueles que têm colaborado através de suas contribuições para a concretização deste texto, principalmente à D. Cam Adair, coautor do "Manual de la Adicción de videojuegos para padres."

CAPÍTULO 1 DEFINIÇÃO DE CIBERDEPENDÊNCIA

O uso extensivo e intensivo das novas tecnologias, especialmente entre os jovens resultou em uma nova realidade, a dependência da Internet.

Embora já havia notícia há alguns anos sobre este fenômeno, atualmente, o vício em Internet tornou-se um problema de saúde mental "habitual".

Os vícios, especialmente os comportamentais, não parecem distinguir entre sexo e idade, podendo ser apresentados em qualquer momento da vida, embora durante a adolescência eles tornem-se mais evidentes.

Talvez porque haja um certo nível de permissividade social em relação aos jovens em termos de explorar novos comportamentos, incluindo comportamentos de risco, algo que não é permitido em qualquer outra idade.

Alguns defendem esta posição, indicando que é uma maneira de descobrir o mundo, mas principalmente descobrir a si mesmo, suas capacidades e limitações.

Onde da mesma forma que condutas saudáveis são experimentadas, também aparecem as primeiras práticas de vícios, sejam relativas a substâncias ou comportamentos, como é o caso do vício em internet.

Mas se existe um grupo particularmente sensível entre

os jovens para a dependência de Internet, estes são os estudantes universitários, nos quais muitas pesquisas estão sendo feitas, embora não esteja claro se é porque o ciberdependência tem uma incidência maior sobre eles, ou porque é um grupo que está mais acessível para as pesquisas. Alguns chamam a este tipo de pesquisa de pesquisa de campo. Mas, que problemas de saúde estão relacionados com a Internet?

Justamente isso é o que pretende verificar uma investigação realizada em conjunto pelo Departamento de Medicina Comunitária da Faculdade de Medicina HiTech e o Departamento de Estatística da Universidade Utkal (Índia), cujos resultados foram publicados na revista científica Internacional Journal of Advanced Multidisciplinary Research.

Nessa pesquisa participaram cem estudantes selecionados aleatoriamente com idades compreendidas entre 17 e 23 anos, dos quais 95% eram do sexo feminino.

Todos eles passaram por um teste para avaliar seu nível de dependência de Internet chamado IAT (Internet Addiction Test - Teste de dependência de Internet) e outro para avaliar as implicações na área emocional do aluno chamado PANAS (Positive and Negative Affect Schedule - Escala de Afeto Positivo e Negativo).

Da mesma forma, foram coletados dados sobre o tempo

que passam na Internet, a finalidade da sua utilização, os sites que visitam e o número de horas dedicadas para navegar na internet.

Os resultados mostram que 74% utilizam a internet por motivos pessoais, enquanto apenas 26% utilizam para pesquisar temas relacionados com seus estudos.

Sendo que 76% dos estudantes são usuários da rede mundial de computadores no período de 2 a 4 anos; 93% demonstram uso intensivo da internet, por um tempo inferior a duas horas diárias.

Com relação aos sites visitados, conclui-se que 23% visitam as redes sociais, enquanto que 76% utilizam a internet para fazer pesquisas e buscar informações relacionadas com os seus estudos.

Embora a amostra utilizada seja ampla, esta está focada em profissões ligadas à tecnologia. Por esta razão, os resultados não podem ser estendidos a estudantes de outras profissões menos tecnológicas.

Da mesma forma, apesar do relatório que agrupa os participantes incluir tanto homens como mulheres, os dados foram analisados de forma separada. Assim, com o estudo não é possível determinar a incidência de vício cibernético de acordo com o sexo.

Apesar de terem sido avaliados, os resultados não indicam o nível de estudantes que apresenta vício em

Internet, nem tampouco explicam os efeitos positivos para o estado de espírito do usuário.

Porém temos que destacar um fato, os jovens estudados dedicam muito tempo em "assuntos próprios" focados quase exclusivamente nas redes sociais, em comparação ao tempo empregado para os estudos, onde o uso da internet é mais amplo.

Isso também deve servir para refletir sobre o modelo educacional, que se apresenta "distante" do modo em que os jovens se relacionam na rede, sendo necessário o uso de novas estratégias para "explorar" as possibilidades das redes sociais.

Atualmente é difícil pensar em um jovem que não conheça ou mesmo não tenha uma conta no Facebook, Twitter, Tuenti ou outra rede social, uma vez que nasceu na era das redes sociais. Por isso, são considerados "nativos digitais", ou seja, aqueles que nasceram depois dos anos 80, pois tiveram acesso às novas tecnologias desde pequenos.

Em contrapartida, aqueles que são mais velhos, os quais nasceram antes dos anos 80 precisam fazer um esforço para manter-se informados e treinados para o uso das redes sociais. Estes são os chamados "imigrantes digitais", ou seja, pessoas que não tiveram as mesmas possibilidades que os "nativos digitais" e que agora precisam entrar para este novo mundo, muitas vezes confuso e desconcertante, porém útil e necessário.

Do mesmo modo que anteriormente para que fosse possível ter acesso a alguns postos de trabalho era exigido a carteira de habilitação e um nível educacional mínimo, agora é necessário que os candidatos tenham habilidades suficientes no uso do computador e das redes sociais.

Como resultado dessas novas ferramentas, empregos impensáveis surgiram há alguns anos, como o de Community Manager, responsável por fóruns e comunidades virtuais, ou os mais técnicos responsáveis pela promoção de sites como os consultores de SEO e SEM, no qual buscam obter maior visibilidade nas redes sociais de uma determinada marca ou empresa.

Por outro lado, os jovens vêm incorporando as ferramentas oferecidas por essa nova tecnologia em suas vidas, tanto acadêmicas quanto de lazer, inclusive já existem muitas universidades que ensinam parte ou todo o seu ensino online, podendo o aluno conectar-se a partir de um dispositivo fixo ou móvel, como tablets, iPads ou Smartphones.

Tendo os docentes dupla função, a de organizar e gravar as aulas que serão ministradas e a de tutoria virtual, resolvendo quaisquer dúvidas que possam ter surgido em aula.

Isso tornou possível abrir as portas das universidades

para estudantes de todo o mundo, com a única exigência de que eles tenham as habilidades linguísticas necessárias para acompanhar as aulas e, também um dispositivo com conexão à Internet.

A este respeito, a única coisa que não se pôde fazer exceção, refere-se à realização dos exames, que devem ser presenciais, seja na própria universidade ou em um centro instalado no país do aluno. De tal forma que se possa comprovar através de prova que o aluno realmente conhece a matéria.

Uma maneira de garantir o nível de formação alcançado pelo aluno, uma vez que com provas não presenciais haveria a possibilidade de que outra pessoa respondesse a prova.

No meu caso particular, depois de vários anos dando aulas presenciais em diferentes universidades, tive que fazer um curso de capacitação para continuar meu trabalho docente, mas desta vez pela internet. Para tanto tive que adaptar as ferramentas tecnológicas que utilizava anteriormente, incluindo a familiarização de plataformas de treinamento como o Moodle, ou o uso de programas de videoconferência para ensinar online, o que me permitiu ditar as aulas na Espanha, tanto na Península como nas ilhas, enquanto eram assistidas de Ibero-América.

Porém, existem muitos riscos na internet quando o uso

intensivo da internet se torna basicamente o único, perdendo o contanto social e, muitas vezes, com a própria realidade.

Muitos estudos estão sendo feitos sobre isso devido a essa nova modalidade, em que, a cada dia, são detectados novos casos de ciberdependentes, ou seja, pessoas que são incapazes de se desconectar da internet, facilitando o isolamento social e a negligência com a saúde mental e a higiene pessoal também associada a uma má alimentação. Mas, é possível prever o futuro vício na internet?

É o que se tentou responder com uma investigação realizada em conjunto com o Instituto de Medicina, a Universidade de Medicina de Kaohsiung e o Hospital Municipal de Hsiao-Kang (Taiwan), cujos resultados foram publicados na revista científica JAMA Pediatrics.

O estudo envolveu 2.293 jovens que passaram por um acompanhamento por 2 anos, sendo avaliados em 6, 12 e 24 meses.

Todos eles foram avaliados quanto ao nível de dependência através da escala padronizada denominada CIAS (Chen Internet Addiction Scale); os níveis de depressão usando a versão chinesa da escala CES-D (Center for Epidemiological Studies Depression); o déficit de atenção e hiperatividade avaliada pelo ADHDS (Attention-Deficit/Hyperactivity Disorder Self-rated

Scale); a fobia social pela escala FNE (Fear of Negative Evaluation); e a hostilidade dos participantes através do BDHIC-SF. (Buss-Durkee Hostility Inventory-Chinese Version-Short Form).

Os resultados relatam que aqueles jovens que tinham altos níveis de hostilidade mostraram níveis mais elevados de vício depois de 2 anos, tornando-se assim o melhor preditor desta psicopatologia.

Por outro lado, os adolescentes que participaram do estudo mostraram que o melhor preditor do futuro vício está relacionado com padecer um transtorno de déficit de atenção e hiperatividade.

Tanto meninos quanto meninas, não tiveram resultados relevantes de fobia social ou depressão, no que diz respeito a previsão de uma futura dependência às tecnologias.

O estudo também oferece uma "revelação" de dados em que, em apenas 2 anos, mais de 10% dos participantes foram afetados pelo vício em Internet, sendo insignificante a diferença existente entre o número de casos entre "viciados" masculinos ou femininos.

Estudos necessários para criar programas específicos para evitar o vício, com especial ênfase na educação, como fator determinante da autorregulação do uso de novas tecnologias, ou seja, com uma educação correta, seria de se esperar que os jovens fossem capazes de usar adequadamente a tecnologia e não abusar dela.

Embora o fenômeno da ciberdependência seja recente, foi rapidamente evoluindo, assim, os primeiros viciados em videogames ou na internet, passavam muitas horas sem sair de seus quartos, incapazes de se desconectar dos jogos ou de qualquer videogame, pois queriam marcar mais pontos e aumentar o ranking, como se isso fosse a coisa mais importante que existisse.

A partir desses primeiros casos surgiu o termo Síndrome de "hikikomori", originalmente identificado no Japão durante a década de 80 e 90.

Os jovens que sofriam da síndrome, literalmente davam as costas para a sociedade e se recusavam a interagir com outras pessoas, se não fosse através do computador, o que muitas vezes ocasionava uma má nutrição e até mesmo o abandono da higiene pessoal.

Um exemplo disso foi observado em diferentes graus em todo o mundo, onde a tela do computador tornou-se a "realidade" do jovem, não existindo nada além das quatro paredes do seu quarto.

Atualmente e graças aos dispositivos móveis, tais como, tablets, iPads, Smartphones ou telefones inteligentes, já não é mais preciso ficar em casa para conectar-se com a internet.

Além disso, a incursão das redes sociais fez com que as possibilidades de comunicação aumentassem, além dos videogames, ou o bate-papo, que resultou em um aumento no número de casos de vício em Internet. Mas, qual é o percentual de viciados em Facebook?

É exatamente isso que o Departamento de Sistemas de Informação e o Departamento de Fundamentos de Educação e Ciências Sociais, a Faculdade de Educação da Universidade Tecnológica da Malásia (Malásia), tentaram responder, juntamente com o Departamento de Computação e Tecnologia de Informação da Universidade Islâmica de Azad (Irã), cujos resultados foram publicados na revista científica International Journal of Information and Education Technology.

O estudo incluiu quatrocentos e quarenta e um estudantes universitários, com uma média de 24 anos, dos quais 49% eram mulheres.

Todos foram avaliados pela escala padronizada para determinar o nível de dependência de Facebook chamada BFAs (Bergen Facebook Addiction Scale); avaliou-se também o nível de locus de controle através do LOC (Locus of Control); e o nível de egoísmo pessoal pelo Ego Strength Scale.

Os resultados relataram que os jovens mostraram níveis muito elevados de dependência para o Facebook, atingindo 47% deles, isso significa que quase metade dos usuários do Facebook eram viciados na rede social.

Esses dados são mantidos apesar da origem (malaia ou não malaia), da religião que praticavam (muçulmana, cristã, budista ...) e até mesmo do gênero dos participantes.

Uma das limitações do estudo é que a seleção dos participantes foi realizada entre aqueles que regularmente usavam as redes sociais, ou seja, os resultados demonstram que entre os usuários habituais ocorrem níveis elevados de dependência, porém não fala nada a respeito daqueles jovens que não usam redes sociais tão frequentemente.

Deve-se ter em mente que o estudo foi realizado apenas com universitários, não podendo estender os resultados para o restante da população, nem mesmo para os jovens, uma vez que existem aspectos que não foram analisados neste estudo, tais como o nível socioeconômico ou a cultura dos usuários de Facebook.

Embora os autores do estudo tenham optado pela análise dos níveis de Facebook, devido à popularidade desta rede social, havendo o crescimento de usuários, que atualmente são cerca de dois trilhões, não foram realizados análises comparativos com outras redes sociais para tentar compreender se isso é um fenômeno específico de Facebook ou de qualquer outra rede social como Twitter ou Google+. Por isso, é necessário que sejam feitas novas pesquisas para explicar tal fenômeno.

Da mesma foram, devemos analisar se os usuários de Facebook são exclusivamente viciados nessa rede social ou em todas; se a resposta seja positiva estamos falando sobre um "problema" não especificamente de Facebook, senão de personalidade do indivíduo que é refletida em seu uso da Internet. Portanto, para conhecer a resposta a esta questão é preciso projetar melhor essa pesquisa, adicionando perguntas sobre o uso de outras redes sociais e sua frequência de uso.

CAPÍTULO 2. SINTOMATOLOGIA DA CIBERDEPENDÊNCIA

Atualmente, é difícil encontrar um estudante que regularmente não usa a Internet para trabalho ou lazer, portanto, este pode sofrer de vício em Internet.

A introdução de novas tecnologias é feita cada vez mais cedo, praticamente desde os primeiros anos de vida. As crianças agora dispõem de tablets e, quando estão um pouco mais velhas, já têm seu próprio Smartphone com acesso à Internet.

Hoje mesmo nas escolas o uso de novas tecnologias é promovido através do uso de tablets em substituição aos livros, além do professor usar sua lousa eletrônica, todos conectados à Internet, onde os materiais de consulta específicos são projetados para cada aula.

Mas quando uma pessoa começa a utilizar a internet, não existe limites para o seu uso, principalmente quando começa a jogar ou a navegar nas redes sociais. Uma atividade que vai exigir cada vez mais tempo, até chegar ao ponto de, mesmo sem perceber, desenvolver um vício.

Deve-se ter em mente que o vício não se dá somente com determinadas substâncias como o álcool, o tabaco ou outras drogas, já que existe uma categoria de vício de conduta ou comportamental.

Os vícios são definidos pelas consequências causadas na vida diária da pessoa viciada. Assim, é considerado um vício quando o envolvido no seu planejamento ou pensamento é excessivo, chegando a interferir na vida cotidiana, onde exista um certo nível de hábito, necessitando cada vez mais novas experiências ou mais quantidade para manter o efeito desejado; o que pode chegar a causar problemas pessoais, sociais ou laborais.

Entre os vícios comportamentais mais conhecidos incluem o vício em jogar, ou seja, a ludopatía e outros um pouco menos conhecidos como o vício por trabalho, por sexo ou a ciberdependência. As características de comportamento de dependência incluem:

- Perda de controle da vontade.

- Uso de tempo excessivo em tal atividade tirando-o de outras atividades, seja no trabalho ou nas relações sociais.

- Um certo nível de isolamento, a menos que sejam "vícios sociais"

- Consequências negativas tanto no âmbito econômico, quanto emocionais tais como familiares devido a essa dependência.

- "Inclusões" de pensamentos, o que torna difícil não pensar sobre isso, causando um aumento na ansiedade e mal-estar ao ficar um tempo sem acesso a tal vício.

- Efeitos negativos sobre o desempenho acadêmico.

Em alguns casos, também implica certa negligência pessoal que pode ser exibida por meio de desleixo e falta de higiene.

O que será concretizado na dependência cibernética através da seguinte sintomatologia:

- Agitação psicomotora quando conectado à rede.

- Ansiedade ao realizar qualquer outra atividade que não seja na internet.

- Perda de controle quando tem que se desconectar.

- Diminuição das habilidades de decisão, focando-se em ficar o maior tempo possível online.

- Redução de qualificações acadêmicas entre estudantes devido à falta de atenção mostrada em aula.

- Problemas motivacionais e de regulação cognitiva, porque seus pensamentos estão focados quase que exclusivamente em suas atividades na rede.

- Sentimentos de isolamento e solidão, dados pela incompreensão dos demais sobre sua paixão pelas novas tecnologias.

- Sensação de que o mundo, fora da rede, é chato, procurando ocupar o seu tempo assistindo a vídeos ou conversas "interessantes".

- Surgimento de problemas emocionais, especialmente a depressão, causada pelo isolamento social.

- Excessivo investimento de horas na frente de

computadores conectados à internet ou dispositivos móveis.

- Irritação quando alguém fala com ele enquanto estiver conectado, ou tenta desligá-lo da rede.

- Diminuição de interações sociais "cara a cara", preferindo a comunicação por meio das redes sociais.

Tudo isso é explicado pelos mesmos mecanismos neuronais que nos permitem tender a repetir comportamentos, dados pelas suas consequências agradáveis e positivas, facilitando a aprendizagem.

Assim, o uso de novas tecnologias quando elas deixam de ser úteis para o trabalho ou para a vida cotidiana, tornando-se "necessárias" ou "essenciais" pode originar uma dependência tecnológica, seja pelo uso "excessivo" de novos terminais, telefones inteligentes, Smartphone ou tablet, bem como o uso intensivo e "descontrolado" de serviços de mensagens instantânea, tais como: Messenger, Whatsapp, Twitter ou Tuenti.

Isso levou ao surgimento de novos fenômenos que não existiam antes, por isso, foi preciso criar novos termos para contemplá-los, como é o caso do FOMO (Fear Of Missing Out), ou medo de perder o mais recente, ou seja, a necessidade de estar ciente das redes sociais em todos os momentos para não perder o último dispositivo móvel que saiu ou o último vídeo do seu cantor favorito, identificado pela primeira vez pela Universidade de Essex (Inglaterra) em conjunto com a Universidade de Califórnia e da Universidade de Rochester (EUA), de acordo com a revista científica Computer in Human Behavior.

Termo próximo a um novo tipo de fobia relacionado à tecnologia chamada nomofobia, que se refere ao medo gerado por estar desconectado das redes sociais ou da internet em geral, causado pela impossibilidade de acessar um dispositivo móvel ou computador; sentimentos que são gerados também quando o Smartphone é deixado sem bateria ou o sinal Wi-Fi é "perdido".

Para aprofundar a respeito, foi realizada uma pesquisa pela Universidade de Califórnia (EUA), cujos resultados foram publicados na revista científica UC Merced Undergraduate Research Journal.

Nesse estudo uma revisão da literatura foi realizada para analisar as publicações presentes em PSycINFO e Google Scholar, considerando que o termo "Nomofobia" é tão recente que ainda não foi coletado como um vício pelo DSM-V (sigla em Inglês do Manual Diagnóstico e Estatístico dos Transtornos Mentais, agora em sua quinta versão).

Esta fobia foi vista pela primeira vez entre os jovens, embora não é exclusivamente deles. A meio caminho entre a obsessão e o vício, a nomofobia causa altos níveis de ansiedade.

Devemos distinguir entre este tipo de fobia, que afeta principalmente o plano cognitivo, aumentando os níveis de ansiedade gerados por pensamentos "catastróficos", associados a não ser capaz de se conectar, do vício cibernético, que é um vício comportamental, caracterizado por uma incursão de pensamentos que geram ansiedade, seguido por um comportamento de vício, que causará a liberação de tal ansiedade, proporcionando satisfação por conectar-se à internet e, iniciar o ciclo do vício novamente.

Apesar desta distinção entre ciberdependência e a nomofobia, estas podem ocorrer de forma simultânea nos pacientes. Embora, não seja exclusivo, já que tem sido observado que a ciberdependência pode ocorrer com transtornos obsessivos-compulsivos, distúrbios alimentares ou depressão, entre outros distúrbios

Uma das explicações mais aceitas sobre a origem e manutenção desta fobia é a teoria baseada na FOMO, anteriormente explicada, pelo que em muitas ocasiões os dois termos Nomofobia ou FOMO são usados indistintamente.

Outra explicação, embora mais na direção dos vícios tecnológicos refere-se ao esforço social que significa estar continuamente conectado, já que "notícias" de outros usuários, bem como comentários e atualizações são recebidas.

Não obstante o acima exposto, e embora haja o relato de inúmeros casos sobre o assunto, ainda não existe um programa de prevenção ou intervenção para o problema.

Como é o caso com outros vícios comportamentais, tais como vício de compras, esta fobia é socialmente aceita e não é considerado um problema.

Na verdade, cria-se o mesmo dilema que enfrentam os profissionais de saúde em relação às drogas "legais", quer seja o tabaco ou o álcool, onde os efeitos negativos sobre a saúde a curto e longo prazo são conhecidos, porém quase nada pode ser feito em termos de prevenção, afinal é algo legal.

Por sua parte, a Universidade de Villanova (EUA), descreveu pela primeira vez um novo fenômeno chamado "Sleep Texting", que se refere ao fato de uma pessoa não ter um sono regular, ocorrendo constantes interrupções para ler as mensagens recebidas e enviar mensagens. Este fenômeno refere-se a uma diminuição da quantidade e da qualidade do sono entre os jovens, que são os principais usuários que padecem desse mal.

Neste sentido foi realizada uma pesquisa em conjunto pela Universidade de Washington e a Universidade Lee (EUA), cujos resultados foram publicados na revista científica Psycology of Popular Media Culture.

Este estudo envolveu oitenta e três alunos, onde foram

analisados os níveis de qualidade do sono através do Pittsburgh Sleep Quality Index, o qual fornece informações sobre três índices: o cansaço, problemas de sono e relacionamentos social, a fim de analisar a influência do uso do MSN (acrônimo para mensagens de texto) sobre a saúde dos universitários.

Os resultados mostram como os três índices foram afetados negativamente, à medida que crescia o número de mensagens que tiveram de "administrar", mas onde maiores efeitos foram encontrados foram sobre os problemas do sono, onde a partir de níveis "moderados" de mensagens já começava a causar altos níveis de ansiedade e com elas, dificuldades para dormir.

A menor quantidade e qualidade do sono resultará em consequências na "vida diurna", tais como, menor capacidade de retenção e de atenção entre os estudantes e caso esta situação permaneça por um dado período de tempo poderá afetar também a saúde.

Daí a importância de "educar" os jovens no uso destes dispositivos eletrônicos, já que eles podem gerar problemas de desempenho e de concentração. Além disso, pode afetar as relações sociais e o mais grave de tudo, a saúde, devido ao elevado nível de estresse ocasionado e a falta de um sono de qualidade.

E tudo isso supondo que a pessoa é "dona de sua

vontade", ou seja, que ainda não tenha caído em um vício tecnológico, o que traria ainda maiores efeitos negativos.

O principal problema de detectar tais situações é que os pais não sabem avaliar qual medida é "normal" ou quando o filho está cruzando a linha do que é adequado, convertendo-se em insano.

Além disso, a pessoa que sofre desse problema, apesar de perceber as dificuldades e as consequências nefastas que lhe traz é incapaz de reconhecer que tem um problema e que necessita de ajuda para superá-lo, inclusive notar que precisa de um especialista para vencer seu vício.

Como você pode ver, a tecnologia pode provocar sérias dificuldades na vida diária da pessoa, colocando até mesmo em risco sua saúde, como no caso de prejudicar a qualidade e a quantidade do sono com o fim de responder as mensagens que recebe.

Como mencionado, uma das novas realidades da sociedade desenvolvida é que cada vez mais a tecnologia ocupa um espaço de destaque nas nossas vidas.

Então, a partir do momento em que alguém se levanta até ir para a cama, ela está usando todos os tipos de dispositivos eletrônicos que tornam a vida mais confortável. Mas a tecnologia não está apenas nos dispositivos, senão no que pode ser feito com eles, por isso surgiram uma infinidade de softwares (programas) para tirar o máximo proveito dos dispositivos eletrônicos.

As redes sociais têm contribuído para a interligação das pessoas, não importando a distância, oferecendo comunicação imediata entre conhecidos e desconhecidos. Porém, a influência destes avanços tecnológicos tem certos riscos à saúde mental para determinadas pessoas. Por esta razão chegou-se a criar clínicas de cuidados à dependência tecnológica, devido ao excessivo uso e abuso destas, o que leva os usuários ao vício. Quem é mais sensível à dependência de redes sociais?

É exatamente isso que se tentou responder com uma pesquisa conjunta realizada pela Universidade de Medicina de Kawasaki, a Universidade de Medicina Integrativa Meiji e a Clínica Manaboshi (Japão), cujos resultados foram publicados na revista científica Psychology.

O estudo envolveu duzentos e oitenta e quatro estudantes universitários com idade entre 18 a 24 anos, cento e cinquenta e quatro dos quais eram mulheres.

Todos receberam um questionário padronizado para a avaliação de vícios chamado de SNSs Addiction. Também se avaliou o nível de solidão percebida através do UCLA Loneliness Scale e a autoestima através da escala Interpersonal Trust Scale.

Os dados informam que existem diferenças no

resultado do nível de vício em redes sociais entre homens e mulheres, sendo os primeiros que mostravam mais casos de vícios.

Os níveis de dependência em relação ao nível de solidão percebido e o de autoestima, não foram significativos.

Um dos dados inesperados relatados pelos autores foi o fato de não encontrar relação entre o nível de solidão ou autoestima e dependência das redes sociais, como se poderia pensar.

Portanto, os usuários que sofrem de dependência pelas redes sociais, não parecem ser pessoas isoladas, fechadas em sua casa, mesmo entre aqueles que exibiram níveis baixos de autoestima.

No que diz respeito à seleção de participantes focados exclusivamente em estudantes universitários, o que limita a possibilidade de extrapolar os resultados para outras populações, além disso é necessário levar em conta as características da sociedade japonesa que não estão presentes em outros locais. Diante do exposto, faz-se necessário novas pesquisas para analisar se os resultados são mantidos ou não.

É preciso considerar que o estudo não separa entre diferentes redes sociais que são usadas, informação fundamental, caso se deseja saber o impacto real de cada uma delas na saúde mental.

Da mesma forma, a idade dos participantes no estudo deixa de fora as pessoas mais sensíveis e que até mesmo usam e consomem mais internet, os adolescentes, o quais estão expostos a esse vício desde tenra idade, por isso, caso algum tipo de intervenção preventiva seja planejado, essa será a idade que será mais eficaz.

Apesar disso, o estudo deixa claro que os homens são os mais sensíveis a este tipo de vício, algo que foi explicado pelos autores, pelo sentido de utilidade que as mulheres dão à internet, evitando que isso possa tornar-se um fim em si.

Algumas diferenças do gênero que necessitam de estudos mais profundos para compreender por que os adultos com o mesmo nível educacional mostram diferente disposição ao vício em algo tão novo como é o uso de redes sociais.

Mas, embora tenha sido comentado sobre a sintomatologia associada à dependência cibernética, resta determinar se existe algum tipo de relação entre esse vício e alguma psicopatologia, como do tipo emocional; então, distúrbios emocionais ocorrem na dependência cibernética?

Isso é precisamente o que se tentou descobrir com uma investigação realizada pelo Departamento de Zoologia da Universidade de Jahangirnagar, o Hospital Mirpur Adhunik e o Centro de Diagnóstico Ltd, Universidad del

Sur, o Hospital Geral da Universidade de Ciências da Saúde de Bangladesh; o Hospital IBN SINA, a Universidade Savar, e o Departamento de Saúde Pública, University of Medicine Bangabandhu Sheikh Mujib (Bangladesh), cujos resultados foram publicados na revista científica Ec Psychology and Psychiatry.

O estudo envolveu quatro centenas de universitários, dos quais 44% eram mulheres.

Todos receberam dois questionários, o primeiro para avaliar o nível de dependência da Internet através do Internet Addiction DQ test e o segundo para verificar a presença ou não de sintomatologia depressiva através do CES-D scale (Center for Epidemiologic Studies Depression Scale).

Os resultados mostraram que 74,8% dos participantes apresentavam sintomatologia depressiva e 25,3% sofriam de vício em internet.

Uma análise comparativa entre a presença de sintomas depressivos entre alunos com e sem dependência de internet, mostra diferenças significativas entre eles, sendo três vezes mais propensos a sofrer de depressão caso seja viciado em Internet.

Entre as limitações do estudo está a realização de uma avaliação através de questionário, em vez de tomar outros tipos de medidas mais objetivas para corroborar os dados.

Os autores não propõem nenhuma teoria explicativa sobre a relação depressão-ciberdependência, pois se limitam a apresentar os dados correlatos, sem estabelecer o que foi primeiro, ou seja, se o vício em internet provocou um sentimento de isolamento e depressão; ou sofrer uma depressão tornou a pessoa mais retraída em suas relações sociais a ponto de "refugiar-se" na Internet.

Por fim, o estudo não analisa o "conteúdo" do vício em internet, pois não é o mesmo que estar viciado em redes sociais, onde há uma comunicação fluida com outros usuários, do que estar viciado em videogames, já que essa informação poderia permitir entender melhor os diferentes perfis de usuários na Internet, e quais deles sofrem mais risco tanto em relação ao vício quanto à depressão.

Apesar do exposto, dois fatos devem ser destacados: em primeiro lugar, há um grave problema de saúde entre os estudantes avaliados neste país, uma vez que quase 75% deles apresentam sintomas depressivos; O segundo refere-se a ser três vezes mais propensos a sofrer de depressão caso a pessoa tiver dependência da Internet.

Seria necessário, para completar esses resultados, estabelecer um plano de intervenção, para o qual seria necessário estudar se essa intervenção seria mais efetiva sobre o vício em internet ou, se a intervenção deveria ser feita sobre a depressão com o objetivo de reduzir o vício em internet.

CAPÍTULO 3. DIAGNÓSTICO DA CIBERDEPENDÊNCIA

Anteriormente, comentamos sobre as consequências negativas da ciberdependência, tanto para o desempenho acadêmico do jovem, quanto para a socialização com seus colegas e em alguns casos também implica certa negligência pessoal que pode ser evidente através do desleixo e da falta de higiene.

Tudo isso é considerado como sendo a expressão de um vício comportamental, que tem de ser superado com a intervenção de um especialista e, que muitas vezes requer como primeiro passo, impedir todo o acesso do menor à internet, tal como se faria com outros tipos de vícios. Mas, pergunto: É possível detectar o vício em internet em um jovem?

É o que tenta responder uma pesquisa realizada pela Universidad Payame Noor (Irã), cujos resultados foram publicados na revista científica International Journal of Behavioral Research & Psichology.

Nesse estudo, participaram trezentos e oitenta alunos do ensino médio, dos quais 194 eram mulheres.

Três objetos de estudo foram propostos, o primeiro, determinar até que ponto os jovens estudantes sofrem de dependência da Internet; o segundo, verificar se essa presença de dependência está relacionada ao nível de sinceridade expressa dentro da família; e, finalmente, se existem diferenças entre os sexos nos dois anteriores.

Para isso, utilizou-se o questionário padronizado IAT (Internet Addiction Test) para avaliar o nível de dependência dos jovens à internet, e um questionário criado para avaliar o nível de sinceridade dos participantes em casa.

Os resultados informam que os garotos experimentam um nível mais elevado de dependência; Da mesma forma, a falta de sinceridade no meio familiar aumenta à medida que aumenta a dependência à internet e, portanto, é mais expressivo nos garotos do que nas garotas.

Por essa razão é possível detectar o vício entre os garotos apenas observando o nível de sinceridade destes na família, quando eles começam a dar escusas ou a inventar razões para ficar conectado à internet, quer através de computador ou dispositivo móvel. Essa pode ser uma boa indicação para suspeitar que o jovem pode estar começando a sofrer do vício em internet.

Essa regra não pode ser aplicada às garotas, pois elas, apesar de sofrer níveis mais baixos de dependência à internet, quando o fazem, não se expressam com menos sinceridade dentro da família, que por sua vez faz com que seja mais difícil detectar e, portanto, torna mais difícil a intervenção para superação do vício.

Isso indicaria que os garotos são mais sensíveis a sofrer este tipo de dependência relacionada com as novas tecnologias, o que afetará negativamente a qualidade de convivência familiar ao tentar "esconder" seu vício.

Tudo isso pode ser usado para estabelecer programas de prevenção entre os estudantes, para que sejam desenvolvidas ferramentas para enfrentar o vício à Internet e, mesmo entre os pais, para que tenham claros os primeiros sintomas do vício e, portanto, possam intervir o quanto antes.

Embora os resultados sejam claros são necessárias mais pesquisas com o fim de obter conclusões a respeito, uma vez que se trata de um estudo focado em uma população com características específicas, sendo que o país sob estudo, Irã, não foi encontrado entre os dez primeiros maiores usuários de Internet. Em Irã, um pouco mais da metade da população atual (53,3%) é usuária da internet, ficando muito atrás de países como Noruega, Islândia, Países Baixos, Suécia e Dinamarca, pois todos tem um percentual superior a 90%, segundo os dados coletados pelo Internetworldstats.

Um caso concreto de dependência tecnológica é o vício em videogames, que surgiu como um vício comportamental muito antes do vício cibernético, que se popularizou nos anos 80. A entrada da internet no mundo não fez mais que facilitar e incentivar este tipo de vício, já que um jogador pode dedicar mais de oito horas diárias ao jogo.

Portanto, seria uma nova modalidade de vício ao jogo, o qual é definida como um vício comportamental no qual a pessoa chega a perder o controle de sua economia, mudando sua escala de valores, o que pode levar uma pessoa à ruína econômica, passando primeiramente pela perda de amigos, cônjuge e até mesmo de filhos.

Instituições públicas e privadas, fundações e associações têm tentado evitar, tanto quanto possível o jogo patológico, ou seja, a ludopatia, seja estabelecendo idades mínimas para o acesso ao jogo, como criando um arquivo de ludópatas, os quais têm acesso proibido à cassinos, evitando assim a recaída.

Em contrapartida, na internet esses limites não são tão claros, já que a pessoa pode "mentir" e entrar no mundo do jogo online com menos de 18 anos de idade.

Da mesma forma, o acesso não é limitado a qualquer usuário, independentemente de quantas vezes perdeu neste tipo de jogo, seja em casinos online, jogos de poker na internet ou qualquer outro tipo de jogo.

Para as pessoas alheias à ludopatia pode representar um "probleminha", porém deve-se ter em mente que se trata de um vício comportamental, ou seja, a pessoa vai gastar muito de seu tempo tentando jogar, com pensamentos intrusivos do tipo "o que acontecerá se chego a sair...", ou " no próximo jogo me recupero".

E isso apesar do fato de que, quando procuram a uma associação de dependência de jogos de azar, lhes explicam em detalhes que as máquinas e os jogos de azar são projetados para perder, que esse é precisamente o negócio dos cassinos e dos donos das máquinas caça-níqueis. Apesar que a pessoa saiba que nunca poderá "ganhar" a esse sistema probabilístico matemático criado para perder, ainda continua pensando e sentindo que "com um pouco mais de sorte talvez..."

Hoje as possibilidades de jogos online são quase infinitas, de "clássicos" a multiplayers, passando por todos os tipos de jogos, podendo-se inclusive baixar no Smartphone e jogar a qualquer momento.

Embora os "tops" de Apps (programas projetados para Tablets e Smartphones) mais baixados vão mudando a cada mês, todos têm algo em comum, tendem a ser jogos gratuitos, pelo menos nas fases iniciais e à medida que a pessoa joga, o jogo vai abrindo novas fases e possibilidades de investir dinheiro, sendo comprando "poderes" extras, "tempo" ou novas fases.

Tudo pensado e projetado para tirar centenas de milhares de dólares por ano dos jogadores que ficam "presos" com os videogames. Porém, dentre todos os jogos existe um que é muito difícil de lidar, este é o vício do jogo "tradicional", em que o primeiro e o último objetivo é o dinheiro.

Antigamente, em cada bar de cada cidade havia uma máquina "caça-níqueis" com imagens coloridas e sons audíveis. Atualmente seu uso é cada vez mais restrito, mas ainda permanecem os casinos onde "tentar a sorte" com apostas.

São muitas as pessoas que vão se arruinando ao jogar a roleta, as cartas ou qualquer outro tipo de jogo ou aposta. De fato, quando estive em Las Vegas (EUA) hospedado em um dos hotéis temáticos da cidade, o que ficou claro para mim é que isso era apenas e exclusivamente um negócio.

As "máquinas caça-níqueis" eram tributadas anualmente e a quantidade de dinheiro que podiam ganhar era estimada. Se por algum motivo essa taxa fosse reduzida em alguma delas, ela era retirada e substituída por uma mais moderna que poderia "produzir" mais dinheiro.

Dinheiro que, evidentemente, fora dos turistas que vieram à cidade para "tentar a sorte", com o sonho ou desejo de mudar suas vidas com um desses grandes prêmios, que em alguns casinos poderia chegar a um milhão de dólares.

Bem, a tecnologia introduziu na casa essa possibilidade de vício em jogo com dinheiro, em casinos virtuais e para facilitar o "engate", eles oferecem o dinheiro para apostar pela primeira vez para que a pessoa "prove o sabor do sucesso", o que o faz pensar que pode conseguir mais na próxima vez.

A este respeito partilho uma entrevista que realizei ao D. Cam Adair, coautor do Manual de Vícios em videogames para pais, que revela as chaves sobre os efeitos e o tratamento de vício em jogos.

- Como é definido o vício em videogames?

O vício é uma palavra usada nos dias de hoje, muitas vezes utilizado de maneira equivocada como um adjetivo de um tipo de obsessão.

Em minha experiência, abandonei a escola secundária e deixei de trabalhar, a fim de jogar mais. Mas, acho que é fácil para nós que sejamos apanhados na tentativa de definir o "vício em jogos" ao invés de focar no que realmente está acontecendo com os jogadores e porque eles são tão atraídos pelos jogos em si.

- Existe realmente mais vício em videogames do que na década passada?

Claro! A facilidade de acesso (iPhones, iPads, etc...) aos jogos tem criado muito mais oportunidades para que os jogadores joguem como nunca. As estatísticas mostram que 100% dos garotos e 96% das garotas entre as idades de 8 a 18 anos usam os videogames. A escala potencial deste problema é muito maior do que temos visto em anos anteriores.

- Quais são os sintomas do vício em videogames?

Eu uso o termo WASP para identificar certos sintomas de vício em videogames.

Ansiedade, Apatia, Relações sociais, Desempenho, em inglês, Withdrawals, Apathy, Social Relationships, Performance (WASP)

Ansiedade - Eles experimentam mudanças de humor ou sintomas de abstinência quando não estão envolvidos em jogos de azar.

Apatia - Eles experimentam a apatia em relação a outras atividades e/ou sua própria saúde e higiene pessoal.

Relações sociais - A maioria dos relacionamentos são online.

Desempenho - O seu desempenho escolar ou profissional é prejudicado.

Estas são apenas algumas das maneiras de identificar se o jogo é um problema maior para uma pessoa específica. Muitas vezes, estes tipos de sintomas são desenvolvidos ao longo do tempo com o uso contínuo.

- Como sugerimos superar o vício em videogames?

Meu objetivo sempre foi a identificação da causa do problema e oferecer suporte para curar este problema. Na minha pesquisa encontrei quatro razões principais pelas quais os jogadores jogam: os jogos proporcionam uma fuga temporária, uma comunidade social, um senso de propósito e um crescimento constante mensurável.

A chave para superar o problema é encontrar novas atividades que atendam essas áreas, enquanto isso, trabalhar para melhorar as habilidades sociais. Sugiro atividades de grupo como artes marciais ou entrar em uma academia de ginástica, onde é mais fácil fazer amigos.

-Quais são as consequências do vício em videogames?

As consequências são relativas, dependendo de cada pessoa, porém me parece que nos relacionamentos é onde ocorrem as maiores consequências, e, finalmente, quando se trata de videogames, há uma diferença entre se divertir e ser feliz. Em minha pesquisa descobri que muitos jogadores jogam por diversão, porém a realização e a felicidade duradoura não são tão comuns. Trata-se de transformar a vida em um videogame definitivo.

- O vício em videogames é um problema nos países desenvolvidos?

Atualmente sim. Mas com o aumento do acesso de Smartphones em todo o mundo, torna-se um problema mundial potencial nos próximos anos.

- Há alguma característica de personalidade associada ao vício em videogames?

Os jogadores que estão em maior risco são aqueles que

se identificam com o sentimento de isolamento e rejeição, principalmente se ocorrem na escola, embora muito já se falou também sobre a ansiedade social e a depressão como preditores.

Hoje é impensável que certas tarefas possam ser feitas sem um computador, seja para trabalhar online ou offline, em muitas ocasiões é preciso consultar informações na Internet ou escrever um e-mail para clientes.

Porém, este acesso à internet nem sempre proporciona maior rendimento no trabalho, porque muitas vezes se "aproveita" para o lazer.

Revisar e responder e-mails pessoais, conversar por chat e fazer comentários sobre coisas alheias ao trabalho e de aspectos triviais, ler um jornal eletrônico ou realizar pesquisas na internet sobre as próximas férias, deixaram de ser um comportamento "impróprio" em muitos locais de trabalho, tornando-se algo comum.

Mas o acesso à Internet não se limita às horas de trabalho, pois também está acessível e presente ao sair do trabalho, podendo afetar e substituir o tempo de lazer. Pergunto: Qual é o perfil do vício em Internet?

É o que tentou responder uma pesquisa realizada pelo Departamento de Recreação da Faculdade de Educação Física e Esportes e a Universidade Gazi (Turquia), cujos resultados foram publicados na revista científica Universal

Journal of Educational Research.

O estudo envolveu quatro mil quinhentos e noventa e sete assistentes de pesquisa, com idades entre 23 a 47 anos, dos quais 60,2% eram mulheres.

Todos eles receberam um questionário online para avaliar o nível de dependência da Internet através do BAPINT (Batery of Addiction Profile Index Internet Form), também foram coletados os dados sociodemográficos dos participantes, bem como questões relativas a seus hábitos de lazer.

Foram encontradas diferenças significativas em relação ao gênero, estado civil, nível de instrução, tempo e a percepção do tempo de lazer.

Os homens tiveram uma pontuação mais elevada de dependência à Internet, ocorrendo mais com os solteiros. Com relação ao nível de escolaridade, quanto maior o nível alcançado menor é o vício.

Com respeito ao tempo de lazer está inversamente relacionado ao vício em internet, ou seja, quanto mais tempo gasto em lazer com amigos ou mesmo indo ao cinema, maior será a prevenção ao vício; embora este lazer deve ser de qualidade, porque o risco em contrair o vício em internet aumenta caso o lazer seja insatisfatório.

Uma das limitações do estudo refere-se à população amostrada, a turca, na qual tem características culturais muito específicas, logo, torna-se necessário verificar se estes resultados são mantidos com outros tipos de populações.

Da mesma forma, a avaliação da dependência à internet não foi feita com base em uma medida objetiva, tal como verificar o tempo em que a pessoa efetivamente está conectada e o que ela faz quando está conectada.

O grande número de participantes neste estudo permite traçar um perfil de viciados baseados nos resultados: são homens solteiros com baixa escolaridade, que dedicam pouco tempo ao lazer e tal lazer não lhes é satisfatório.

Resta agora estabelecer planos de prevenção para este tipo de perfil mais vulnerável ao vício em Internet. Esta intervenção pode ser destinada a aumentar o número de horas dedicadas ao lazer, garantindo que este tempo seja satisfatório para este grupo de usuários.

Atualmente, novos preditores estão sendo buscados, com o objetivo de estabelecer um diagnóstico melhor e até implementar programas de prevenção, mas existem fatores individuais envolvidos no abuso cibernético?

Isso é o que se tentou responder com uma investigação realizada pela Faculdade de Psicologia da Universidade Normal de Shandong (China), cujos resultados foram publicados na revista científica Psychology Research.

No estudo participaram trezentos e sessenta e três alunos com idade entre 17 e 24 anos, dos quais metade eram mulheres.

Todos eles receberam vários questionários padronizados, para avaliar o seu nível de ciberdependência através do CIAS-R. (Chinese Internet Addiction Scales revision), para saber sobre o nível de estresse experimentado através do ASLEC (Adolescent Self-Rating Life Events Check List); para o nível de apoio social percebido usou-se o PSSS (Social Support Scale) e para avaliar o nível de agressão usou o AQ (Aggression Questionnaire).

Os resultados indicam que o vício em internet está relacionado positivamente e significativamente com níveis mais elevados de agressividade e estresse e, negativamente com os níveis de suporte social.

Isto é, em um nível mais alto de suporte social, menos agressividade, níveis mais baixos de estresse e menos vício em Internet e, ao contrário, maior vício em internet, níveis mais altos de estresse e ansiedade, o que provoca uma maior agressividade física e verbal.

Entre as limitações do estudo temos o fato de não inclusão de medidas de observação ou registro de conduta, como é unicamente com base na resposta dos participantes.

Da mesma forma, teria sido apropriado fazer alguma

medida de personalidade, para avaliar qual é a média de dependência de internet versus agressividade.

Encontrar um papel de intermediação nos níveis de estresse percebido, entre dependência da internet e agressividade, permite estabelecer planos de prevenção e intervenção com os quais evitar que o vício termine em agressividade.

Por último, mas não menos importante, o papel das relações sociais no "mundo real" e especialmente, na família, é fundamental tanto para prevenir o vício em internet quanto a agressividade posterior.

Existem ainda muitas questões levantadas pelos pais e professores no momento de saber prevenir e detectar a ciberdependência.

Para responder a este problema cada vez mais comum hoje a partir de TEA Edições foi publicada a ADITEC (Avaliação e prevenção do vício em Internet, Celular e Videogames) que é dividido em dois blocos, o primeiro sobre a detecção e o segundo sobre a intervenção.

No que diz respeito à primeira parte, após a detecção da ciberdependência, foram criados três questionários padronizados, destinados a menores entre os 12 e 17 anos, com uma estimativa de aplicação de 5 a 10 minutos de cada vez.

- Questionário ADITEC-I para detectar o vício em

internet, onde é avaliado o abuso, a abstinência, a perturbação e a falta de controle e o escape.

- Questionário ADITEC-M para detectar o vício ao celular ou Smartphone, avaliando-se a tolerância e a abstinência, a dificuldade de controlar o impulso, os problemas decorrentes do custo econômico e o abuso.

- Questionário ADITEC-V para detectar a dependência em videogames, avaliando-se o jogo compulsivo, a abstinência, a tolerância e a interferência em outras atividades, os problemas associados e o escape.

Para cada uma dessas dimensões, o questionário oferece uma pontuação, que é comparada com a escala de acordo com o gênero, ou seja, há uma escala de comparação com a população geral de menores entre 12 e 17 anos para os homens e outra para as mulheres.

Da mesma forma, uma avaliação total das dimensões anteriores é obtida.

A obtenção de uma pontuação traduzida em percentis, onde valores próximos de 50 são considerados "normais", com valores superiores a 85 se poderia pensar que o jovem está em risco; enquanto se for superior a 95 pode diagnosticar um problema de vício cibernético.

No que diz respeito à segunda parte, criamos um programa de prevenção de ciberdependência para menores com idades entre 10 e 16 anos para cada tipo de vício mencionado, com uma intervenção de três sessões de 50 minutos cada.

Os objetivos deste programa é o de informar sobre vícios tecnológicos, sensibilizar as crianças sobre as consequências negativas do abuso tecnológico e desenvolver as habilidades necessárias para a prevenção.

A intervenção destina-se à implementação coletiva nas escolas, assim, estão incluídas apresentações em slides, vídeos, depoimentos, vinhetas ilustrativas, atividades domésticas individuais e um questionário inicial e um final para avaliar a eficácia do programa.

Uma ferramenta essencial na prática clínica com adolescentes, que são os mais expostos aos efeitos do uso e abuso de tecnologia e sobre quem uma maior incidência deve ser feita ao estabelecer políticas de prevenção voltadas para a educação sobre como aproveitar ao máximo a tecnologia sem correr o risco de tornar-se "viciado".

Apesar do grande progresso que significa ter instrumentos de avaliação padronizados esses vícios, não foram fornecidos para toda a casuística da ciberdependência, deixando-se de avaliar a ciberdependência ao jogo ou ao sexo, entre outros vícios.

Do mesmo modo, o instrumento tem uma gama relativamente estreita sobre a idade de detecção (12 a 17) e prevenção (10 a 16), especialmente quando observado como a ciberdependência está ficando "mais forte" ao longo dos anos e nas etapas universitárias e, isso pode afetar mais da metade dos usuários regulares da Internet.

CAPÍTULO 4. TIPOS DE CIBERDEPENDÊNCIA

Anteriormente, alguns dos tipos mais comuns de ciberdependência já foram expostos, mas nos últimos anos tornou-se popular entre os mais jovens a prática do sexting, o qual é definido como o ato de compartilhar através da internet textos, fotos ou vídeos de conteúdo sexual, uma prática que está ligada ao aumento do número de horas que os jovens passam diante de uma tela de computador.

Algo que não é considerado um problema até agora, tendo em vista que não se sabe a magnitude disso. Alguns estudos apontam que 3 a 32% dos jovens utilizam essa prática, entretanto seus efeitos são desconhecidos. Como o sexting afeta aos menores?

É exatamente o que se tentou descobrir com uma pesquisa realizada na Universidad Autónoma de Madrid (Espanha) e na Universidad Nacional de Entre Ríos (Argentina), cujos resultados foram publicados na revista científica Psicothema.

O estudo envolveu três mil duzentos e vinte e três adolescentes, com idades entre 12 e 17 anos, sendo que 49,9% eram mulheres.

Entre suas características temos que passam em média de 2 horas e 21 minutos diárias e 3 horas e dois minutos nos finais de semana, conectados à internet, excluindo o tempo dedicado à suas atividades escolares.

Com respeito às redes sociais temos que a mais usada é o Instagram (64,8%), seguida pelo Youtube (61,5%), WhatsApp (33,8%), Snapchat (18,3%), Twitter (13,6%) e a menos utilizada, o Facebook (11,9%).

Todos os pesquisados receberam um questionário padronizado chamado de "Sexting Questionnaire" para detectar comportamentos de sexting durante os anos anteriores, e para avaliar distintas características de personalidade utilizou-se o BFI (Big Five Inventory) juntamente com o GSOEP (German Socio-Economic Panel).

Os resultados mostram que 13,5% dos jovens praticaram "sexting" no ano passado, sendo que 10,8% enviaram mensagens, 7,1% compartilharam fotos e 2,1% compartilharam webcam com conteúdo sexual.

Observou-se somente diferenças significativas com relação ao gênero no que diz respeito ao envio de textos de conteúdo sexual, sendo maior nos homens (12,1%) do que em mulheres (9,4%).

Existindo um expressivo aumento de práticas de sexting à medida que a idade aumenta, passando de 3,4% para jovens de 12 anos e 36,1% aos 17 anos.

Sobre as características de personalidade presentes na prática de "sexting", observa-se una correlação positiva significativa com o Neuroticismo e negativa com a Extroversão.

Ou seja, aqueles jovens com altos níveis de Neuroticismos eram os que tinham maior prática do sexting, também aqueles que tinham altos níveis de extroversão eram os que menos "sexting" compartilhavam.

Deve-se ter em mente que os resultados foram obtidos a partir das declarações dos menores e não observou-se o histórico de suas contas para extrair informações diretamente para verificar até que ponto ocorre ou não o "sexting", devido ao problema da desejabilidade social, pelo qual o participante manipula a resposta, respondendo conforme o que ele acredita que é esperado socialmente, por exemplo, não reconhecendo o número exato da prática do "sexting".

Não obstante o acima exposto, deve notar-se que os dados são ao menos preocupantes, já que um em cada três jovens entre 17 a 18 anos, utiliza o sexting, algo que mostra sinais de falta de desenvolvimento pessoal.

Por esta razão, seria bom estabelecer planos de formação para os jovens para que aprendam a interagir com os demais de forma adequada, principalmente com o sexo oposto.

CAPÍTULO 5. TRATAMENTO DA CIBERDEPENDÊNCIA

Quantas horas são "suficientes" na frente do computador? Esta seria uma pergunta que deveria ser feita por todos os pais, quando percebem que os filhos passam horas e horas "colados" nas telas de seus computadores.

O problema da ciberdependência entre os jovens é que "maquiam" com a desculpa de estar fazendo pesquisas para fazer as tarefas, conversando com amigos ou apenas "descansando".

Existem várias abordagens para este problema, que tentam explicar as razões para a Ciberdependência.

Existe os que consideram algo passageiro que é "superado" com o tempo. E aqueles que veem como algo "normal" típico de uma geração que nasceu com a tecnologia.

Do ponto de vista psicopatológico, não pode ser entendida como um vício comportamental "normal" a Ciberdependência, por isso, busca-se outras explicações alternativas das quais se encarrega a Ciberpsicologia.

Uma das explicações aceitas atualmente é que a ciberdependência ou o vício tecnológico é uma forma de "escapar" ou fugir de uma realidade que em algumas ocasiões é traumática para a pessoa ou não a estimula o suficiente. Mas, a ciberdependência pode ser explicada com base em um trauma anterior?

A esta questão, tentou responder uma pesquisa realizada por Al-Farabi Kazakh National University (Cazaquistão) juntamente com a Chinese University of Hong Kong (China), cujos resultados foram publicados na revista científica International Journal of Enviromental & Science Education.

O estudo envolveu a cento e oitenta adolescentes os quais foram entrevistados para conhecer o seu nível de dependência de tecnologia.

Os resultados mostram que apenas 7% dos entrevistados não sofriam ciberdependência.

27% estão em risco de sofrer ciberdependência e os 66% restantes sofrem de ciberdependência.

Para avaliar o nível de trauma sofrido pelo aluno foi empregada a escala padronizada chamada IES-R - Impact of Event Scale, sensível para detectar transtornos de estresse pós-traumático.

Os resultados indicam maior conduta de evasão e altos níveis de ativação fisiológica, ambas características de ter sofrido um trauma, entre os ciberdependentes contra aqueles que não são viciados em tecnologia.

Note-se que os resultados do estudo se baseiam nas respostas a questionários padronizados e não em uma observação real do comportamento do menor.

Da mesma forma, informações sobre o gênero dos participantes não são oferecidas, por isso é difícil saber até que ponto essa relação significativa é encontrada entre o trauma e a ciberdependência, afetando moços ou moças igualmente ou não.

Finalmente, e como indicado pelos autores, existe uma percentagem de 27% que estão em risco de Ciberdependência, por esta razão seria importante criar mecanismos de detecção precoce deste grupo para implementar políticas de prevenção destinadas a reforçar as relações sociais "remotas" da tecnologia.

Da mesma forma, para aqueles jovens que sofreram eventos traumáticos durante a infância, escolas e faculdades deveriam ter pessoas qualificadas para orientá-los e até mesmo encaminhá-los à ajuda profissional especializada quando o caso ocorresse.

Então tentar quebrar ou pelo menos enfraquecer esta relação entre a vivência de traumas e a Ciberdependência, usando a segunda como um mecanismo de evasão de uma realidade não agradável.

Mas a fim de estabelecer esses mecanismos de prevenção, a primeira coisa é perceber a gravidade do problema, que representa mais da metade dos menores no estudo (66%), e como estes "arrastarão" durante a sua vida as consequências de um vício comportamental que é o vício cibernético.

Em termos de tratamento, a primeira coisa que uma pessoa que tem uma tendência a estar conectada à internet de uma forma quase obsessiva, é reconhecer a sua dependência, e as consequências que isso tem em sua vida, bem como as coisas que a rodeiam.

Esta etapa pode parecer simples, porém é uma das mais difíceis de alcançar, uma vez que a pessoa irá procurar qualquer desculpa para não assumir sua responsabilidade, minimizando o problema, justificando-se dizendo que "somente consulta os correios", o que "não faz mal a ninguém".

Como em outras dependências comportamentais, o tratamento da ciberdependência deverá incluir uma combinação de técnicas que tentam responder à situação de ansiedade e pensamentos intrusivos gerados pela tentação de se conectar à Internet, tais como:

- Técnicas de relaxamento e respiração, que visa aumentar o senso de controle sobre si mesmo em situações de tentação; assim como para controlar a frustração quando a pessoa não se conectar.

-Terapias cognitivas, procurando a identificação desses pensamentos intrusivos que agravam a situação de tensão originada por um eletrônico, como o computador, um

Smartphone ou um Tablet que acaba sendo uma tentação para se conectar.

-Técnicas de modificação de comportamento, que tentam reduzir comportamentos inadequados, recompensando comportamentos que não envolvem o uso da tecnologia.

CONCLUSÃO

Este livro procurou oferecer uma visão ampla do problema da Ciberdependência, apresentando pesquisas atuais realizadas em diferentes países de todo o mundo para apresentar o que é, sem dúvida, um problema global.

Em alguns casos os números são desanimadores pela quantidade de jovens que sofrem de forma leve, moderada ou até mesmo grave de ciberdependência, encorajada pelo imediatismo da comunicação e das redes sociais.

Daí a importância de se tornar consciente do problema, com os últimos dados científicos coletados sobre ele, e plantar possíveis formas de intervenção que, sem limitar a pessoa, o "eduque" para tornar seu tempo "conectado" compatível com a vida social, que se tornou o melhor meio de prevenir a ciberdependência.

Evitar o surgimento deste problema é o primeiro passo, mas também devemos desenvolver estratégias terapêuticas para os que já padecem de ciberdependência.

SOBRE JUAN MOISÉS DE LA SERNA

É Doutor em Psicologia, Mestre em Neurociências e Biologia Comportamental, Especialista em Hipnose Clínica, reconhecido pelo International Biographical Center (Cambridge - Reino Unido) como um dos cem melhores profissionais de saúde do mundo no ano de 2010. Desenvolvendo seu trabalho docente em diferentes universidades nacionais e internacionais.

Disseminador científico com participação em congressos, conferências e seminários; colaborador em diversos jornais, mídias digitais e programas de rádio; autor do blog "Cátedra Aberta de Psicologia e Neurociências" e dezessete livros sobre vários temas.

Atualmente desenvolve seu trabalho de investigação no campo de Big Data aplicado à saúde, trabalhando com dados provenientes da Índia, EUA ou Canadá, entre outros, trabalho que complementa com assessoria a Startups de tecnologia orientadas para o bem-estar pessoal e a Psicologia.